PENTHOUSES

PENTHÄUSER
DUPLEX, ATTIQUES ET
APPARTEMENTS TERRASSES
PENTHOUSES

Edited by Macarena San Martín

Art director:
Mireia Casanovas Soley

Editorial coordination:
Catherine Collin

Project coordination:
Macarena San Martín

Texts:
Macarena San Martín
Sandra Moya

Layout:
Ignasi Gracia Blanco

Translations:
Britta Schlagheck (German), Lydia de Jorge (English), David Lenoir (French), Els Thant (Dutch)

Editorial project:
2007 © LOFT Publications I Via Laietana, 32, 4.°, Of. 92 I 08003 Barcelona, Spain
Tel.: +34 932 688 088 Fax: +34 932 687 073 I loft@loftpublications.com I www.loftpublications.com

ISBN 978-84-96936-07-2   Printed in China

PENTHOUSES

PENTHÄUSER
DUPLEX, ATTIQUES ET
APPARTEMENTS TERRASSES
PENTHOUSES

Edited by Macarena San Martín

KOLON

„Eines Mannes Haus ist seine Burg."

Sir Edward Coke, englischer Jurist

"A man's house is his castle."

Sir Edward Coke, English jurist

« La maison d'un homme est son château. »

Sir Edward Coke, juriste anglais

"Iemands huis is iemands kasteel."

Sir Edward Coke, Engelse jurist

Dieses Apartment ist aus der Umgestaltung zweier Wohnungen zu einem Wohnraum, der sich aus drei gut definierten Bereichen mit eigener Persönlichkeit und Funktionalität zusammensetzt, hervorgegangen. Diese Bereiche sind wie kleine Apartments mit Küche, Bad, Schlaf- und Wohnzimmer strukturiert. Sie sind unabhängig voneinander, agieren aber als „Zimmer" des großen Hauptbereichs.

This apartment is the result of transforming two floors into a single space of three clearly defined areas, each with its own personality and functionality. Each one is structured as a small, independent apartment with kitchen, bath, bedroom, and living room, while also functioning as "rooms" of the central space.

3 IN 1

Architects: **AIA – Salazar Navarro Arquitectes**

Barcelona, Spain

Cet appartement est né de la transformation de deux appartements en un seul espace de trois zones bien définies, ayant leur personnalité et leur fonction propres.
Ces zones sont conçues comme de petits appartements – avec cuisine, salle de bain, chambre et salon – indépendants les uns des autres, qui remplissent également la fonction de « pièces » du grand espace central.

Dit appartement is het resultaat van het ombouwen van twee verdiepingen in een enkele ruimte, bestaande uit drie duidelijk afgebakende zones, elk met een eigen persoonlijkheid en functionaliteit. De zones zijn als kleine appartementen opgezet, met een aparte keuken, badkamer, slaapkamer en zitkamer, en vormen tegelijkertijd een soort kamers in de centrale ruimte.

zone 2

zone 1

zone 3

Plans by zones

1. Guest's bedroom
2. Main bedroom
3. Liviing - dining
4. Kitchen
5. Entrance
6. Living - dining
7. Living room
8. Common hallway

Zielgedanke dieses Projekts war es, ein Apartment aus der Nachkriegszeit zu renovieren, ohne dabei die Originalstruktur und -fassade zu verlieren. Hierzu wurde ein überdachter Terrassenanbau angefügt, der als Erweiterung des städtischen Exterieurs verstanden werden kann. Dieser neue Bereich umfasst gemütliche und eklektische Räume mit einer überwältigenden Sicht auf New York.

The goal of this project was to renovate a post-war era apartment without losing the original structure and façade. To achieve this, a covered extension was added to the terrace that blends into the urban exterior. This new scope encompasses comfortable and eclectic spaces with amazing views of New York.

GREENWICH VILLAGE PENTHOUSE

Architects: **Rogers Marvel Architects**

New York, United States
Surface area: **372 m²**

L'objectif de ce projet était de restaurer un appartement de l'après-guerre sans perdre la structure et la façade originales. Pour cela, on a agrandi et couvert la terrasse, ce qu'on peut considérer comme une extension de l'extérieur urbain. Ce nouveau lieu accueille des espaces confortables et éclectiques qui offrent des vues stupéfiantes de New-York.

De bedoeling van dit project was een naoorlogs appartement te renoveren zonder de oorspronkelijke structuur en voorgevel te verliezen. Daarom werd het terras uitgebreid met een overdekte aanbouw, die als een verlenging van het stadse exterieur kan worden beschouwd. Dit nieuwe vertrek bestaat uit comfortabele en eclectische ruimtes, met een spectaculair uitzicht op New York.

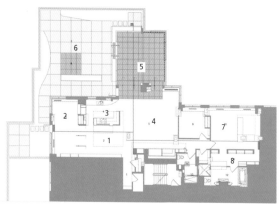

1. Dining room
2. Office
3. Kitchen
4. Living room
5. Greenhouse
6. Terrace
7. Master bedroom
8. Dressing room

Penthouse's plan

Im Essbereich griff man einige der Materialien der Terrasse wie Glas, Stahl und Aluminium auf und schuf so eine visuelle Verbindung zwischen den Bereichen. Die Kombination mit dem Holz erzeugt ein warmes Ambiente.

Dans la salle à manger, ont été utilisés certains matériaux de la terrasse, comme le verre, l'acier et l'aluminium, afin de conserver l'unité visuelle entre les deux espaces. Ils se mêlent au bois qui apporte une chaleur à l'espace.

Some of the materials used in the terrace, such as glass, steel, and aluminum, were also used in the dining room in order to maintain visual unity between the spaces. Wood was also used to provide a warm atmosphere.

In de eetkamer vinden we, net als op het terras, materialen als glas, staal en aluminium, met als resultaat de visuele eenheid van beide ruimtes. Hout geeft de ruimte bovendien warmte.

Dieses Haus, das von seinen Architekten als minimalistische, funktionale und bewohnbare Kiste definiert wurde, soll eine Alternative zum Massivbau bilden. Von außen wirkt er wie ein weißer, fester und undurchlässiger Würfel, wobei kleine Öffnungen in der Fassade ein geräumiges und lichtdurchflutetes Interieur erahnen lassen.

Defined by its architects as a functional, livable, minimalist box, this house was created as an alternative to massive structures. On the outside it looks like a white, solid, sealed cube, but a few small openings give a glimpse to a well-lit ample interior built around the interior patio.

F. O. B. HOMES A TYPE

Architects: **F. O. B. Homes**

Osaka, Japan

Définie par ses architectes comme une boite minimaliste, fonctionnelle et habitable, cette maison a été conçue comme une alternative aux résidences de construction massive. Depuis l'extérieur, c'est un cube blanc, solide et hermétique, même si de petites ouvertures sur la façade laissent entrevoir un intérieur spacieux et lumineux, distribué autour d'une cour intérieure.

Dit huis werd door de architecten als een minimalistische, functionele en bewoonbare doos omschreven, en werd ontworpen als alternatief voor grootschalige woningen. Vanbuiten lijkt het een witte, stevige en hermetische kubus, met kleine openingen in de gevel, die ons een glimp laten opvangen van een ruim interieur, vol licht, ingericht rond een binnentuin.

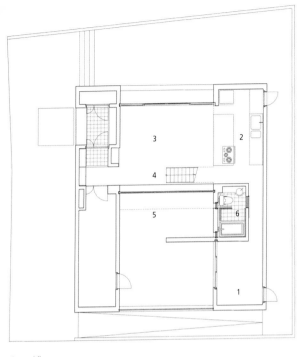

1. Entrance
2. Kitchen
3. Living area
4. Stairs to master bedroom and bathroom
5. Interior patio
6. Bathroom

Ground floor

Der Bau basiert auf dem Prinzip der visuellen Kontinuität. Vom zentralen Innenhof aus kann man alle Zimmer sehen. Durch die Öffnung zum Hof wird den Innenbereichen, die komplett weiß gestrichen sind, Helligkeit verliehen.

This space is based on the principal of visual continuity and because of this, all the rooms can be seen from the central patio. This also provides light to the interior, which is all painted in white.

L'espace s'appuie sur le principe de continuité visuelle, grâce auquel, toutes les pièces peuvent être vues depuis la cour centrale. L'ouverture vers celle-ci illumine l'intérieur, totalement peint en blanc.

Het interieur is gebaseerd op het principe van visuele continuïteit, waardoor alle ruimtes zichtbaar zijn vanuit de binnentuin. Deze patio verlicht het volledig wit geschilderde interieur.

Bei diesem Bau, der in einem außergewöhnlichen Garten liegt, werden die Horizontalität der Finessen der umgebenden Gebäude, die durch die Zedernholzzäune untermalt wird, und auch die Vertikalität und Höhe durch eine Pergola, dessen Struktur sich gen Himmel erhebt, beibehalten. Auf diese Weise wird in diesem Gebäude das Stadtambiente eingefangen.

Situated on a breathtaking garden, this structure maintains the horizontal details of the surrounding buildings. The verticality and height of the cedar fence, emphasizes this, as well as the pergola rising up to the sky. The building thus captures the essence of the city.

MIDTOWN ROOF GARDEN

Architects: **Graftworks Architecture + Design**

New York, United States

Le bâtiment situé dans cet étonnant jardin garde l'horizontalité des détails présents sur les façades voisines – à laquelle contribuent les clôtures en cèdre –, mais également leur verticalité et leur hauteur grâce à une pergola dont la structure se dresse vers le ciel. Ainsi, le bâtiment réussit à capturer l'essence de la ville.

De constructie is gelegen in een prachtige tuin en heeft net als de omringende gebouwen een horizontaal karakter, mede dankzij de cederafsluitingen. Verticaliteit en hoogte zijn aanwezig in een naar de hemel gerichte pergola. Zo slaagt het gebouw erin de essentie van de stad te vatten.

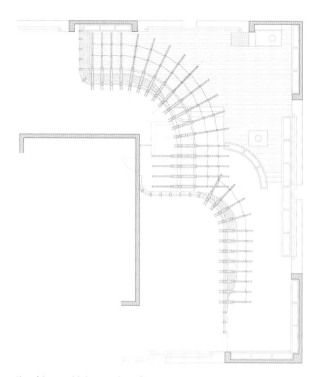

Plan of the remodeled area on the rooftop

Die Umrisse der Gebäude von Manhattan verschmelzen mit dem Blau des Himmels. Dadurch entsteht ein charmantes Spiel mit den Farben des Holzes, das den Garten dominiert, der Bepflanzung und des Stahls einiger Details.

Les contours des immeubles de Manhattan se fondent dans le bleu du ciel, créant ainsi un joli jeu de couleurs avec le bois qui domine le jardin, sa végétation et l'acier présent dans quelques détails.

The multiple contours of Manhattan's skyline just blend in with the blue skies creating a beautiful array of colors in combination with the wood, vegetation, and steel details of the garden.

De contouren van de gebouwen in Manhattan gaan op in de blauwe hemel en versmelten in een prachtig kleurenspel met het hout, de beplanting en de details in staal van de tuin.

Dieses in einer dicht bewohnten Gegend gelegene Gebäude sticht auf Grund seiner dynamischen Formen, die die Notwendigkeit eines Dialogs mit der konstanten Bewegung der Umgebung erwidern, aus der lokalen Architektur hervor. Die Hauptfassade besteht aus Glas, damit permanent Licht einfällt und eine stete Kommunikation zur Außenwelt existiert.

Situated within a densely populated zone, this building stands out in the local architecture for its dynamic forms as a response to the continuous movement of its surroundings. The front is made of glass to allow a permanent flow of light and constant communication with the exterior.

HEALTECTURE KOMORI

Architects: **Endo Shuhei Architect Institute**

Osaka, Japan

Situé dans une zone densément peuplée, ce bâtiment se détache de l'architecture locale, grâce à ses formes dynamiques, qui répondent au besoin d'un dialogue avec le mouvement permanent de l'environnement. La façade principale est en verre pour que la lumière entre en permanence et crée une communication constante avec l'extérieur.

Dit gebouw ligt in een dichtbevolkte zone en valt in de lokale architectuur op door de dynamische vormen, die een antwoord zijn op de vraag naar een dialoog met een omgeving die voortdurend in beweging is. De voorgevel is van glas, zodat voortdurend licht binnenschijnt en er communicatie met de buitenwereld is.

Longitudinal sections

Auf den oberen Etagen, zu denen man über eine Wendeltreppe, die sich deutlich von der Fassade abhebt, gelangt, befinden sich Wohnungen mit hellen, offenen Räumen und einer wunderschönen Aussicht auf die Stadt.

The living areas are on the top floors, which are accessed by a spiral staircase in the front of the house. They have plenty of light, open spaces, and are endowed with very beautiful views of the city.

Aux étages supérieurs, auxquels on accède par un escalier en colimaçon qui se détache de la façade principale, on trouve les logements, constitués d'espaces lumineux ouverts qui jouissent de belles vues sur la ville.

Een wenteltrap, die bij het binnenkomen meteen in het oog springt, verschaft toegang tot de bovenverdiepingen, waar de woningen zich bevinden. Het zijn heldere, open ruimtes met een prachtig uitzicht op de stad.

Dank eines neuartigen Systems in der Struktur verteilen sich die einzelnen Etagen dieses Baus wie Regale und sind gleichzeitig auf rationale und funktionale Weise organisiert. Jedes „Regal" umfasst verschiedene Wohnräume, in dem neutrale und entspannende Farben und Materialien dominieren.

Thanks to a new structural system, the floors of this building are distributed as if they were shelves, organized throughout the building in a rational and functional manner. Every "shelf" houses different rooms in which neutral and relaxing colors and materials prevail.

K-HOUSE

Architects: **Architecture WORKSHOP**

Tokyo, Japan
Surface area: **134 m²**

Grâce à un système de structure novateur, les différents étages de cette construction sont distribués comme s'il s'agissait d'étagères et s'organisent partout, de façon rationnelle et fonctionnelle. Chaque « étagère » reçoit plusieurs pièces du logement , dans lesquels dominent les couleurs et les matériaux neutres et relaxants.

Dankzij een vernieuwende structuur zijn de verschillende verdiepingen van dit gebouw ingedeeld alsof het rekken zijn en op een rationele en functionele manier over het hele gebouw verdeeld. Elke "rek" omvat verschillende vertrekken, waarin neutrale en ontspannende kleuren en materialen de bovenhand hebben.

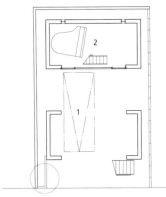

First floor

Second floor

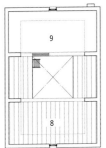

1. Garage
2. Piano area
3. Entrance
4. Kitchen
5. Storage
6. Bathroom
7. Terrace
8. Loft 1
9. Loft 2

Dieses Wohnhaus könnte man als Antithese zum klassischen Stadtapartment definieren. Die Achse der Konstruktion ist ein Swimmingpool mit Wänden aus Glas, dessen Wasser man von jedem Winkel des Hauses aus sehen kann. Das Blau des Wassers färbt die Betonwände ein, wodurch die verschiedenen Innenräume miteinander verbunden werden.

This home can be defined as the antithesis of the classic urban apartment. The structure is centered around a pool with glass walls whose water can be seen from any corner of the house. The water radiates a blue tint to the concrete walls, which brings together the interior spaces.

ALICE

Architects: **N Maeda Atelier**

Tokyo, Japan
Surface area: **183 m²**

Cette résidence pourrait être considérée comme l'antithèse de l'appartement urbain classique. L'axe de toute la construction est une piscine aux parois en verre, dont l'eau peut être vue depuis chaque recoin de la maison. Le bleu de l'eau colore les murs en béton, ce qui aide à intégrer les différents espaces intérieurs.

Deze woning zou als antithese van het klassieke stadsappartement kunnen worden omschreven. De constructie is gebouwd rond een zwembad met glazen wanden, waarvan het water vanuit alle hoeken van het huis te zien is. Het blauwe water kleurt de betonnen muren, waardoor de verschillende binnenruimtes met elkaar worden verbonden.

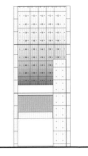

Front elevation section

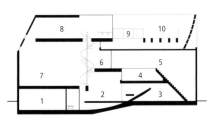

Entry line section

1. Bedroom
2. Dining room and kitchen
3. Garage
4. Swimming pool
5. Inner entry
6. Terrace
7. Lounge
8. Nursery
9. Bridge
10. Dance room

Bei der Renovierung dieses Apartments wurde die Originalstruktur auf ungewöhnliche Weise umgestaltet. Die Innenbereiche sind mit Materialien ausgestattet, die interessante Verbindungen zwischen den einzelnen Bereichen herstellen und die Ambiguität der Räume untermalen, indem Bereiche wie das Bad oder die Küche, die nur teilweise vom großen Holzdach bedeckt sind, betont werden.

When this apartment was remodeled, the original structure was modified in an unusual way. In the interior, the materials create an interesting link between the areas and emphasize the ambiguity of the spaces with an exposed kitchen and bath partially covered by a great wooden roof.

HAUS 23

Architects: **Strobl Architekten**

Salzburg, Austria

ors de la restauration de cet appartement, a structure originale a été modifiée de açon inhabituelle. Les intérieurs sont faits e matériaux qui créent des relations ntéressantes entre les différents volumes t accentuent l'ambiguïté des espaces, en issant à la vue des espaces comme la alle de bain et la cuisine, couverts en artie seulement par le grand toit en bois.

Bij de renovatie van dit appartement werd de oorspronkelijke structuur op een ongewone manier gewijzigd. In het interieur worden materialen gebruikt die de verschillende vertrekken op een interessante manier verbinden en de veelzijdigheid benadrukken van de ruimtes, waarvan de badkamer en keuken slechts gedeeltelijk overdekt zijn met een groot, houten dak.

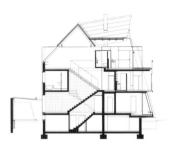

Longitudinal section

Cross section

1. Apartment 1
2. Common space
3. Apartment 2
4. Basement

den Innenbereichen entstehen auf Grund der
[l]terung des Lichts durch die Fenster und Luken,
e die Architekten ins Dach einbauen ließen,
ndrucksvolle Schattenspiele, die die realen
aummaße verzerren.

a lumière filtre par les fenêtres latérales et les
carnes que les architectes ont posées dans le
afond, créé d'incroyables jeux d'ombres qui
éforment les volumes réels de l'espace.

Between the light that comes in from the lateral
windows and the skylights that have been
installed in the ceilings, an incredible show of
shadows is created and playfully distorts the
volumes of the spaces.

Het licht dat door de zijramen en dakramen naar
binnen schijnt, veroorzaakt een ongelooflijk spel
van schaduwen, die de werkelijke volumes van
de ruimte vervormen.

Kennzeichen dieses Wohnhauses ist die Aussicht. Im oberen Bereich erheben sich zwei Strukturen, die wie individuelle, in Aussichtspunkte verwandelte Lofts gestaltet wurden, die auf Grund der Neigung ihrer Glasdächer die Stadt reflektieren. Ein Garten schirmt das Haus vom urbanen Leben ab und dient als Nexus zwischen Innen- und Außenbereich.

The views are the prime element of this family home. On the top floor there are two individual lofts that serve as terraces, which reflect the city on their glass ceilings. A garden shields the house from the urban life and links the interior to the exterior.

SPS

Architects: Querkraft

Vienna, Austria
Surface area: **83 m²**

Les vues sont l'élément primordial de cette résidence familial. À l'étage supérieur, se dressent deux structures, traitées comme des lofts individuels et transformés en belvédères, qui, grâce à l'inclinaison de ses plafonds en verre, reflètent la ville. Un jardin isole la maison de l'espace urbain et sert de liaison entre l'intérieur et l'extérieur.

Het uitzicht is het belangrijkste element van deze familiewoning. De bovenverdieping bestaat uit twee structuren, die als individuele lofts met verschillend uitzicht gebouwd zijn. In de hellende glazen daken wordt de stad gereflecteerd. Een tuin schermt het huis van het stadse leven af en verbindt het interieur met het exterieur.

1. Bedroom
2. Bathroom
3. Terrace
4. Living room

Cross section

Eine weitläufige Holzterrasse, die an den zwei „Lofts" der Etage vorbeiführt, erstreckt sich entlang der gesamten Dachkonstruktion und bietet somit einen umso idealeren Ort, um die Aussicht zu genießen.

An incredible wooden terrace extends throughout the top of the building. Because it runs through the two lofts, it also offers a perfect space to further enjoy the wonderful views.

Une grande terrasse en bois qui s'étire le long de la toiture du bâtiment et qui traverse les deux lofts de l'étage, propose un espace parfait pour profiter plus encore de la vue.

Een groot, houten terras, dat zich over de hele lengte van het dak en de twee lofts op de verdieping uitstrekt, is een ideale plek om nog meer van het uitzicht te genieten.

Diese Terrasse ist ein natürlicher Zufluchtsort inmitten des städtischen Chaos. Sie gleicht in ihrer Gestaltung einem chinesischen Garten. Ihre Holzstruktur filtert das einfallende Licht und verwandelt den Bau so in einen Tempel der Ruhe und Entspannung. Zudem bietet sie eine spektakuläre Aussicht auf Manhattan.

This terrace is a natural refuge in the middle of urban chaos. Resembling a Chinese garden, light filters through the wood structure creating a temple-like atmosphere perfect for rest and relaxation. It also provides spectacular views of Manhattan.

ROOFTOP PAVILION

Architects: **Cha & Innerhofer Architecture + Design**

New York, United States
Surface area: **32 m²**

Cette terrasse est un refuge naturel au milieu du chaos urbain. Avec un aspect semblable à ceux des jardins chinois, sa structure en bois filtre la lumière qui entre et transforme l'espace en un temple du repos et de la détente. Elle permet en plus, de contempler les vues spectaculaires de Manhattan.

Dit terras is een natuurlijk toevluchtsoord in de chaos van de stad. De houten structuur heeft iets van een Chinese tuin en laat het licht door, zodat de ruimte een haven van rust en ontspanning wordt. Bovendien biedt het terras een spectaculair uitzicht op Manhattan.

Floor plan

1. Entrance
2. Living room
3. Dining room
4. Kitchen
5. Bathroom
6. Vestibule
7. Bedroom
8. Closet

Das Kennzeichen dieses Apartments ist der große Balkon, der aus dem Gebäude hervorragt. Er ist von farbigem Glas umschlossen, das ihn von anderen Wohnhäusern unterscheidet und die Monotonie der Grundstruktur durchbricht. Seine Ausrichtung zum Meer schützt ihn vor den Blicken der Passanten und bietet eine herrliche Aussicht auf den Hafen.

The outstanding element of this apartment is the grand balcony that protrudes from the building. The colored glass that encloses it differentiates it from the other homes and breaks the monotony of the structure. Facing the ocean affords it privacy and beautiful views of the harbor.

APARTMENT IN BORNEO ISLAND

Architects: **Dick Van Gameren Architecten**

Amsterdam, Netherlands

élément caractéristique de cet appartement st son grand balcon, qui dépasse du âtiment. Il est fermé par un verre coloré ui le différencie des autres résidences et ompt la monotonie de la structure générale. ourné vers la mer, il cache l'intérieur à la ue des passants et permet de contempler e superbes vues du port.

Dit appartement wordt gekenmerkt door een groot balkon, dat uit het gebouw steekt. Het is afgesloten met gekleurd glas, dat het van andere woningen onderscheidt, en de monotonie van de algemene structuur doorbreekt. De ligging naar de zee toe verbergt het interieur voor nieuwsgierige voorbijgangers en biedt een prachtig zicht op de haven.

Der Innenbereich wurde nach minimalistischen Prinzipien dekoriert: Dekorative Elemente wurden vermieden und nur das notwendigste Mobiliar aufgestellt, wobei dieses in schlichtem, zeitgenössischem Stil gehalten ist.

L'intérieur a été décoré selon les principes du minimalisme : il n'y a pas de place pour les éléments décoratifs, et on ne trouve que les meubles essentiels, aux lignes simples et contemporaines.

The interior decoration of this apartment is based on the minimalist principle: there is no room for decorative elements, instead, there are only simple line essential pieces of furniture, all contemporary.

Het interieur werd volgens minimalistische principes ingericht: er is geen plaats voor decoratieve elementen, alleen voor essentiële, eenvoudige en hedendaagse meubels.

Das Obergeschoss dieses alten viktorianischen Gebäudes ist heutzutage ein modernes Loft. Während der Renovierung wurden zehn Giebelfenster ins Dach eingesetzt, die als Hauptlichtspender dienen. Auf diese Weise ist ein Wohnbereich mit viel natürlichem Licht entstanden, das durch ein auf der Farbe Weiß beruhendes Innendesign noch verstärkt wird.

Today, the top floor of this old Victorian is a modern loft. Ten skylights were added to the ceiling making them the focal point. The natural light entering the space is intensified by the white interior decoration.

BARGE & MURPHY LOFT

Architect: **Buschow Henley**

London, United Kingdom
Surface area: **200 m²**

L'étage supérieur de ce vieil immeuble victorien est aujourd'hui un loft moderne. Pendant la restauration, dix lucarnes ont été percées dans le toit, en faisant le point d'attraction principal. Ainsi, on découvre aujourd'hui un espace inondé de lumière naturelle, accrue par la décoration intérieure basée sur le blanc.

De bovenverdieping van dit oude Victoriaanse gebouw is nu een moderne loft. Tijdens de renovatie werden in het dak tien ramen gemaakt, die een hoofdelement vormen van het huis. Zo is het een ruimte geworden met veel natuurlijk licht, dat nog wordt versterkt door de op wit gebaseerde interieurdecoratie.

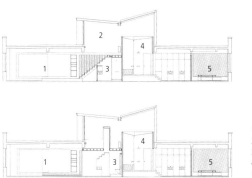

Longitudinal sections

1. Living – dining
2. Terrace
3. Kitchen
4. Bathroom
5. Bedroom

Diese zweistöckige Residenz war ursprünglich ein Loft. Durch die neue Verteilung wurden hellere Räume geschaffen. Das Licht im Obergeschoss verbindet sich mit dem Licht, das durch die großen Fenster des Wohnbereichs einfällt, und wird somit verstärkt. Die weißen Wände unterstützen das helle Ambiente und bilden einen Kontrast zum Mobiliar, bei dem dunkle Töne vorherrschen.

This two-story residence was initially a loft. With the new layout, the common areas are better lit by making better use of the upstairs light along with the light from the great windows of the room. The white walls increase the brightness and contrast with the predominantly dark furniture.

PERKINS DUPLEX PENTHOUSE

Architects: **A + I Design Corporations**

New York, United States

Cette résidence de deux étages était initialement un loft. La nouvelle distribution offre des espaces communs plus lumineux, car la lumière de l'étage supérieur est mieux utilisée et se mêle à celle entrant par les grandes baies vitrées du salon. Les murs blancs augmentent la sensation de luminosité et contrastent avec le mobilier où dominent les tons sombres.

Deze woning van twee verdiepingen was oorspronkelijk een loft. Het licht van de bovenverdieping wordt in de nieuwe inrichting beter benut en zorgt samen met de grote ramen in de zitkamer voor beter verlichte gemeenschappelijke ruimtes. De witte muren verhogen het gevoel van helderheid en contrasteren met het meubilair, waarin donkere tinten overheersen.

Das Gebäude wurde konstruiert, um eine kleinere Anzahl von Wohnungen zu schaffen, die mit einem Maximum an Komfort ausgestattet sein sollten. Insgesamt umfasst es sechs Apartments, die jeweils eine gesamte Etage belegen. Die großen Fenster, durch die viel Licht einfällt, erzeugen ein helles Raumambiente. So wird im Innenbereich ein Gefühl von Wohlbefinden und Komfort erzeugt.

This building was built to accommodate a reduced number of apartments with maximum comfort. Each one of the six apartments occupies a whole floor. The ample windows bring in plenty of light, giving the rooms a feeling of comfort and wellbeing.

APARTMENT IN PARQUE ESPAÑA

Architects: **Ten Arquitectos**

Mexico City, Mexico

L'immeuble a été construit dans l'idée d'accueillir un petit nombre de logements disposant du plus grand confort. Au total, il y a six appartements, et chacun occupe un étage complet. Les grandes baies vitrées, en laissant entrer des flots de lumière, donnent une grande luminosité aux pièces, offrant ainsi une sensation de bien-être et de confort à l'intérieur.

Het gebouw werd ontworpen om plaats te bieden aan een beperkt aantal woningen met een maximum aan comfort. In totaal zijn er zes appartementen, één per verdieping. Het licht stroomt de heldere vertrekken binnen, wat een weldadig en comfortabel gevoel geeft.

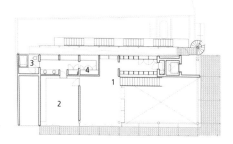

1. Stairs from first floor
2. Bedroom
3. Bathromm
4. Walk-in closet

Upper level

Das Glas und das weiße Aluminium, die die Gebäudestruktur bilden und den Balkonen Form geben, verleihen der Konstruktion ein modernes Flair. Im Innenbereich entstehen durch diese Materialien interessante Fensterstrukturen.

It is glass and white aluminum that gives the building structure and shapes the balconies. They also give it a modern touch. In the interior, these same materials create very interesting textures on the windows.

Le verre et l'aluminium blanc, qui constituent la structure de l'immeuble et dessinent les balcons, donnent au bâtiment une touche de modernité. À l'intérieur, ces matériaux donnent une texture intéressante aux fenêtres.

De structuur van het gebouw en de balkons bestaat uit glas en wit aluminium, wat voor een vleugje moderniteit zorgt. Binnen scheppen deze materialen een interessante textuur in de ramen.

Bei dieser Duplexwohnung, die unlängst renoviert wurde, entschied man sich für ein minimalistisches Design, das durch das helle Ambiente der Wohnung ergänzt wird. Diese Helligkeit wird durch das natürliche Licht, das durch die Innentreppe gefiltert wird, erzeugt. Zudem unterstützt das vorherrschende Weiß ihre Lumineszenz, Transparenz und Helligkeit.

This recently remodeled duplex stands out in its interior by the minimalist design, which is complemented by the brightness that filters in through the stairs that connect both floors. Also, the predominant use of white increases the sense of luminescence, transparency and clarity.

KANG'S DUPLEX PENTHOUSE

Architects: **CJ Studio**

Taipei, Taiwan

Ce duplex, récemment rénové, opte, à l'intérieur pour un style minimaliste, décoratif auquel s'ajoute la luminosité de la lumière naturelle filtrée par l'escalier reliant les deux étages. De plus, le blanc qui prédomine, augmente la sensation de luminescence, de transparence et de clarté.

Deze duplexwoning werd onlangs gerenoveerd. Het interieur is minimalistisch en helder dankzij het natuurlijke licht dat via de trap, die de twee verdiepingen verbindt, naar binnen schijnt. Het gebruik van wit draagt bij aan een gevoel van licht, doorzichtigheid en helderheid.

Ground floor

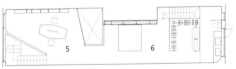

Upper level

1. Entrance
2. Dining room
3. Kitchen
4. Living room
5. Studio
6. Bedroom

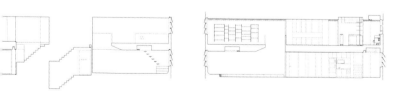

ctions

uf beiden Etagen herrscht bei den Wänden
e Farbe Weiß vor, die einen Kontrast zum
arkettboden der zweiten Etage und zum
Mobiliar, bei dem Holz und Stahl und mit braun
ezogenen Sessel kombiniert wurden, bildet.

ux deux étages, le blanc domine les murs,
ouleur qui contraste avec le parquet du
euxième étage et avec un mobilier qui mêle
bois et l'acier et des fauteuils tapissés d'une
ile marron.

White dominates the walls on both stories,
creating contrast with the parquet floors on the
second floor along with furniture that is made of
wood and steel and chairs covered in brown
fabric.

Op beide verdiepingen zijn de muren overheersend
wit, in contrast met het parket op de tweede
verdieping en de meubels in hout en staal, zoals
met bruine stof beklede zitbanken.

Dieses zweistöckige Haus ist voll in seine Umgebung integriert. Die Fenster, die das Gebäude dominieren, bieten zudem eine großartige Aussicht auf die Stadt und auf das Meer. Die untere Etage zeichnet sich durch die Verwendung von Metall aus, um ein modernes Flair zu schaffen, während auf der zweiten Etage das Material Holz, das das Haus gemütlicher wirken lässt, vorherrscht.

This duplex integrates completely with the surroundings. The great windows that dominate the building allow the enjoyment of beautiful views of the city and the ocean. For a modern touch, the bottom floor uses metal while the top floor is predominantly wood to make the house homier.

DOBLIN HOUSE

Architects: **Valerio Dewalt Train Associates**

Chicago, United States

Ce duplex est totalement intégré à son environnement ; et les grandes baies vitrées qui dominent l'immeuble, offrent de larges vues, aussi bien sur la ville que sur la mer. Pour donner une touche de modernité, l'étage inférieur est caractérisé par l'utilisation du métal, alors qu'au second niveau, le bois domine et rend l'espace plus accueillant.

Deze duplex is perfect ingebed in de omgeving. De grote ramen die in het gebouw overheersen, zorgen ook voor een prachtig zicht op zowel de stad als de zee. De benedenverdieping is modern getint dankzij het gebruik van metaal, terwijl op de tweede verdieping hout overheerst, waardoor de woning gezelliger wordt.

Ground floor

First floor

1. Entrance
2. Kitchen
3. Bathroomm
4. Bedroom
5. Living area
6. Studio

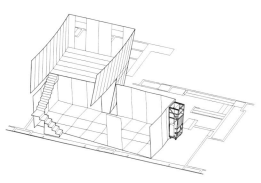

Perspective

Auf der zweiten Etage, zu der man über eine Wendeltreppe gelangt, liegen die Privaträume wie Schlafzimmer, Studio und Bad. Von daher entschied man sich für die Verwendung von Holz, das gemütlicher wirkt als Metall.

The second story, which is accessed through a ribbon staircase, houses private rooms such as the bedroom, the study and the bathroom. For this reason wood was used being that it is warmer than metal.

Le second étage, auquel on accède par un escalier en forme de ruban, accueille les pièces privées, comme la chambre, l'atelier et la salle de bain ; c'est pour cela que le bois a été choisi, plus chaleureux que le métal.

Een wenteltrap leidt naar de tweede verdieping, waar de privévertrekken liggen (slaapkamer, werkkamer en badkamer). Er werd voor hout gekozen, omdat dit gezelliger is dan metaal.

Eine kleine, aber extrem komfortable Wohnung. Bei der Konstruktion wurde das Ziel verfolgt, ein heimisches Ambiente zu schaffen. Dies wurde durch die vorwiegende Verwendung von Holz für das Mobiliar erreicht. Durch das Weiß und das Beige der Wände und der Dekoration wirkt das Haus geräumiger und weitläufiger.

A home of reduced dimensions and extreme comfort, it was built with a homelike feeling, which was achieved through the predominant use of wood in the furniture. The white and beige of the walls and decorations increase the sense of spaciousness in the house.

RETRO CHIC PENTHOUSE

Architects: **UdA**

Nice, France

Logement de petites dimensions mais
extrêmement confortable. En le
construisant, l'objectif était de créer
une ambiance intime, à laquelle on est
parvenu grâce à l'utilisation du bois pour
le mobilier. Le blanc et le beige des murs
et des éléments décoratifs, accentuent la
sensation d'espace et de grandeur de la
maison.

Deze woning is klein, maar uiterst
comfortabel. Bij het bouwen was het de
bedoeling een huiselijke sfeer te scheppen,
wat gelukt is dankzij het overheersende
gebruik van houten meubels. Het wit en
beige op de muren en in de decoratie
vergroten het gevoel van ruimte.

1. Entrance
2. Bedroom
3. Bathroom
4. Open kitchen / dining room
5. Living room
6. Terrace

Penthouses's plan

Diese Duplexwohnung wurde unter der Prämisse renoviert, einen moderneren Dekorationsstil zu schaffen. Um den Raum maximal auszunutzen, entschied man sich für Einbauschränke, die in den verfügbaren Raum eingepasst wurden. Die Verwendung von Holz für die Schränke und den Boden verleiht der ganzen Wohnung ein warmes Ambiente.

This duplex has been reformed to adapt new decorating styles. To maximize the space, built-in closets have been installed, making functionality one of the key elements of the home. The use of wood on the closets and floor give warmth to the whole house.

PENTHOUSE IN AN OLD
TELEPHONE COMPANY BUILDING

Architects: **Pasquin Kyriakides Sands Architects**

London, United Kingdom

Ce duplex a été rénové dans l'idée de l'adapter aux nouveaux styles décoratifs. Afin d'obtenir le rendement maximum, des placards encastrés adaptés à l'espace disponible ont été installés ; la fonctionnalité est donc devenu un des éléments clés du logement. L'utilisation du bois pour les armoires et le sol confère une chaleur à toute la maison.

Deze duplexwoning werd gerenoveerd met het idee het een moderne decoratiestijl te geven. Voor een maximaal rendement werden ingebouwde kasten geïnstalleerd, aangepast aan de beschikbare ruimte. Functionaliteit is dus een van de basiskenmerken van deze woning. Het hout in de kasten en de vloer maakt het huis warm.

1. Entrance
2. Bedroom
3. Bathroom
4. Living room
5. Open kitchen / dining room

First floor

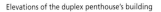
Elevations of the duplex penthouse's building

In den Badezimmern dominieren helle Töne, um ein sauberes Ambiente zu schaffen und dem Raum Tiefe zu verleihen. Das Mobiliar ist in modernem Stil gehalten. Für kleinere Details verwendete man weiße Keramik und Stahl.

Light colored tones predominate the bathrooms to create the sensation of cleanliness and to give the sensation of ample space. The modern line furniture combines with various details of white ceramic and stainless steel.

Dans les salles de bain, les tons clairs dominent pour donner une sensation de propreté et d'espace. Le mobilier est de lignes modernes et on utilise le carrelage blanc et l'acier inoxydable pour les détails.

In de badkamers overheersen lichtere kleurschakeringen om een gevoel van netheid en ruimte te scheppen. Het meubilair is modern en wordt gecombineerd met details van witte keramiek en roestvrij staal.

Das Highlight dieser Wohnung ist seine Umgebung. Sie liegt zwar in der Stadt, ist aber von einer auffälligen und dichten Vegetation umgeben. Die raumdominierende Terrasse verbindet Innen- und Außenbereich. Ziel des Design ist es, die einzigartige Landschaft einzubeziehen, ohne dabei an Komfort zu verlieren. So werden Funktionalität und Design fest aneinander gebunden.

The landscape is the most notable thing about this house because although it's in the heart of the city, it is surrounded by surprisingly thick vegetation. The grand terrace unites the interior and exterior. It is designed for the full enjoyment of the landscape without giving up comfort. Function and design go hand in hand.

PENTHOUSE
APARTMENT IN MEDELLÍN

Architect: **Guillermo Arias**

Medellín, Colombia

Le plus remarquable de cette résidence est son environnement : elle se trouve en pleine ville mais entourée d'une végétation épaisse et surprenante. La grande terrasse qui domine l'espace relie l'intérieur et l'extérieur. Quant au style, l'objectif est de profiter du singulier paysage sans renoncer à la commodité ; fonctionnalité et style sont donc intrinsèquement liés.

Het meest opvallende aan deze woning is de ligging: midden in de stad, maar omringd door een verrassende en dichte vegetatie. Het grote terras waarover de woning uitziet verbindt het interieur met het exterieur. Het design is bedoeld om van het bijzondere landschap te genieten zonder aan het nodige comfort in te boeten.Zo gaan functionaliteit en design hand in hand.

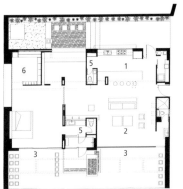

1. Open kitchen / dining room
2. Living room
3. Terrace
4. Bedroom
5. Bathroom
6. Walk-in closet

Floor plan

Diese Duplexwohnung zeichnet sich durch ihre hohen Wände und eine relativ kleine Nutzfläche aus. Um ein helleres Ambiente zu schaffen, wurde ein großes Fenster ins Dach eingelassen, das das Sonnenlicht filtert. Zusammen mit den hellen Tönen des Parkettbodens und des Mobiliars wird dem Raum auf diese Weise ein Gefühl von Weite verliehen.

Very high ceilings and relatively small surface space distinguish this duplex. To increase lighting, sunlight filters through the ample windows on the ceiling and together with the parquet floors and light color of the furniture, a sense of spaciousness is created.

RUGGIERI'S PENTHOUSE

Architects: **UdA**

Turin, Italy

Ce duplex est caractérisé par la hauteur de ses plafonds et par une surface utile relativement petite. Pour augmenter la luminosité, une grande baie vitrée chargée de laisser passer la lumière solaire a été ouverte dans le plafond, ce qui avec le parquet et le mobilier aux tonalités claires, permet de créer une sensation d'espace recherchée.

Deze duplexwoning valt op door de hoge plafonds en een relatief klein nuttig oppervlak. In het dak werd een groot raam gemaakt om het zonlicht binnen te laten, wat samen met het parket en het licht gekleurde meubilair een gevoel van ruimte schept.

Die Struktur der Treppe, die die zwei Etagen der Duplexwohnung verbindet, ist aus Stahl. Ihre Stufen bestehen aus Glas. So integriert sie sich perfekt in den Raum und verleiht der Wohnung ein einzigartiges, persönliches Flair.

The structure of the staircase that connects the two stories of this duplex is made of steel and the steps are made of glass. This integrates perfectly with the space and gives the home a unique touch.

La structure de l'escalier qui relie les deux étages du duplex est fait en acier et les marches sont en verre, ce qui l'intègre parfaitement à l'espace et apporte en même temps une touche unique et personnelle au logement.

De structuur van de trap die de twee verdiepingen verbindt is van staal, en de treden zijn van glas, waardoor de trap perfect in de ruimte past en de woning een unieke persoonlijke toets geeft.

Das Auffallendste an diesem Penthouse sind seine hohen Wände, die durch Räume mit doppelten Höhen und die bestehende Kommunikation zwischen den Räumen kaschiert werden. Das Vorherrschen Ozweier Farben, dem Weiß, das die Wände dominiert, und dem Schwarz der Möbel, die einen interessanten visuellen Kontrast erzeugen, ist besonders auffallend.

The first thing that catches the eye in this attic is the height of the ceiling, which is diminished by the double height and connection between the spaces. The white walls stand out in combination with the black furniture creating an interesting visual contrast.

PENTHOUSE IN MADRID

Architects: **Vicens y Ramos Arquitectos**

Madrid, Spain

Ce qui retient d'abord l'attention de cet attique est la hauteur de ses plafonds, dissimulée grâce à des volumes de double hauteur et à la communication entre les différents espaces. On remarque que deux couleurs dominent : le blanc, omniprésent sur les murs et le noir du mobilier, créant ainsi un contraste visuel intéressante.

Het eerste wat opvalt bij deze zolder is het hoge plafond. Dit wordt afgezwakt door vertrekken met dubbele hoogte en de verbinding tussen de verschillende ruimtes. Twee kleuren overheersen: witte muren en zwart meubilair, met als resultaat een visueel contrast.

Typical floor

Attic floor

1. Entrance to apartment 1
2. Entrance to apartment 2
3. Entrance to apartment 3
4. Kitchen
5. Living room / dining room
6. Private area
7. Entrance to penthouse
8. Terrace

Beim Schlafzimmer entschied man sich dazu, auf den Boden einen grauen Teppich zu legen, anstatt ihn schwarz wie den Rest der Wohnung zu halten. Somit wirkt der Raum nämlich gemütlicher. Schwarz sind nur die Möbel.

Dans la chambre, on a choisi de couvrir le sol avec un tapis gris plutôt que de le laisser noir comme dans le reste de la maison ; de cette façon, l'espace est plus accueillant. Le noir est uniquement utilisé pour le mobilier.

It was opted to cover the bedroom's floor with a grey rug instead of maintaining it black of the rest of the house, because it makes the space much more welcoming. Black is used however in the furniture.

In de slaapkamer werd, om de ruimte gezelliger te maken, voor een grijze vloerbedekking gekozen, in tegenstelling tot het zwart in de rest van het huis. Alleen voor de meubels werd zwart gebruikt.

Dieses Penthouse liegt in einem Wohngebiet mit viel Grün. Durch die klassische Dekoration wurde versucht, es in seine Umgebung zu integrieren. Diese Verbindung wird durch die Verwendung von Holz in verschiedenen Tönen erreicht, und der Wohnung gleichzeitig ein komfortables, entspannendes Flair verliehen. So entsteht ein Ambiente zur Entspannung nach einem langem Arbeitstag.

This home stands in a residential zone subdued by green zones and integrates with the landscape through classic decorations. The different shades of the woods unifies and give the home a feeling of comfort and relaxation, creating an ideal atmosphere after a long day at work.

PENTHOUSE WITH BALCONY

Architects: **Guillermo Arias & Luis Cuartas**

Bogotá, Colombia

Cette résidence est construite dans une zone résidentielle dominée par les espaces verts ; on cherche donc à l'intégrer à son environnement ; on y parvient grâce à une décoration classique. Le bois, présent dans plusieurs tonalités, permet cette liaison qui à la fois, donne une touche de confort et de détente, et crée une ambiance idéale après une longue journée de travail.

Deze woning is gebouwd in een woonwijk met veel groen, waarin ze perfect past dankzij een klassieke decoratie. Verschillende kleuren hout verbinden het huis met de omgeving, zorgen voor comfort en scheppen een ideale sfeer om na een lange werkdag te ontspannen.

Old plan layout

Actual plan layout

1. Entrance
2. Kitchen
3. Dining room
4. Living room
5. Bedroom
6. Bathroom
7. Terrace

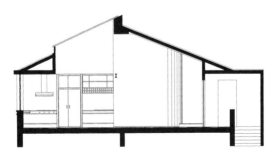

Cross section of the restored apartment

Der klassische Stil dieser Wohnung ist in der Küche moderner. Dort wurde nämlich für das Mobiliar und die Oberflächen vorwiegend rostfreier Stahl verwendet, ein Material, das für avantgardistische Küche charakteristisch ist.

Le style classique de l'espace est modernisé par la cuisine où a surtout été utilisé l'acier inoxydable pour le mobilier et les surfaces, matériau caractéristique des cuisines au style avant-gardiste.

The classic style of this home gets a modernized twist in the kitchen where elements of stainless steel – a material of very avant-garde characteristics – has been used throughout its surfaces and accessories.

De klassieke stijl van de woning vindt haar tegenwicht in de keuken, waar in de meubels en oppervlakken vooral roestvrij staal werd gebruikt, kenmerkend voor avant-gardekeukens.

Die Hauptcharakteristik dieser Wohnung sind ihre offenen Räume, wobei hiervon nur das Badezimmer ausgeschlossen ist. Es verleiht dem Komplex ein Gefühl von geräumiger Weite. Die Farbe Weiß, das Mobiliar in hellen Tönen und der Einsatz von Halogenlicht unterstützen diesen Anschein von Helligkeit, Tiefe und Geräumigkeit, der bei kleinen Wohnungen so wichtig sind.

With the exception of the bathroom, the main characteristic of this home is the open spaces, which give it a sense of amplitude. Its white color, the lighter tones of the furniture and the use of halogen lamps increase the sense of illumination, depth and width, so necessary in reduced spaces.

LOFT IN MILAN

Architects: **Studio Associato Bettinelli**

Milan, Italy

La caractéristique principale de ce logement sont les espaces ouverts, sauf pour la salle de bain, ce qui donne une réelle sensation de grandeur à tout l'ensemble. Le blanc, le mobilier aux tonalités claires, et l'omniprésence des lumières halogènes contribuent à cette sensation de luminosité, de profondeur et de largeur, si nécessaires dans des pièces de petites dimensions.

Het voornaamste kenmerk van deze woning zijn de open vertrekken, met uitzondering van de badkamer, die aan het geheel een sterk gevoel van ruimte geven. De witte kleur, het licht gekleurde meubilair en de halogeenlampen verhogen dit gevoel van helderheid, diepte en ruimte, onontbeerlijk in kleine kamers.

1. Entrance
2. Living room
3. Bathroom
4. Dining room
5. Kitchen
6. Stairs

Ground floor

Cross section

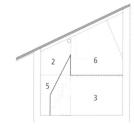

Longitudinal section

1. Entrance
3. Bathroom
4. Dining room
5. Kitchen
6. Stairs
7. Bedroom

Das moderne Design ermöglicht die Kombination verschiedener Dekorationsstile. Der für den Bau des Hauses verwendete Beton betont die Eigenschaften dieser Wohnung. Ihre Strenge wird durch große Fenster, die Helligkeit und Wärme erzeugen, durchbrochen. Die übertriebene Schlichtheit, die durch einige Materialien entsteht, wird durch die Fülle an dekorativen Elementen kontrastiert.

The actual design allows the use of varied decoration styles. The concrete used in its construction projects the qualities of the house, but ample windows that provide light and warmth break this rigidity in combination with a great variety of decorative elements.

SLENDER

Architects: **Deadline Design**

Berlin, Germany
Surface area: **95 m²**

Le design actuel permet la combinaison de différents styles décoratifs. Le béton utilisé pour la construction de cette maison fait ressortir les qualités du logement, et sa rigidité est brisée par des larges baies vitrées qui apportent luminosité et chaleur. La sobriété excessive que supposent certains matériaux contraste avec une grande variété d'éléments décoratifs.

Het actuele design laat toe verschillende decoratiestijlen te combineren. Het beton dat bij de bouw van dit huis werd gebruikt benadrukt de kwaliteiten van de woning. De rigiditeit wordt verbroken door grote ramen, die voor licht en warmte zorgen. De overdreven soberheid van bepaalde materialen staat in contrast met een grote verscheidenheid aan decoratieve elementen.

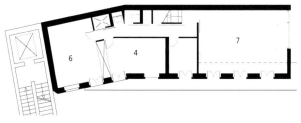

1. Entry
2. Kitchen
3. Dining room
4. Bathroom
5. Terrace
6. Bedroom
7. Living room

First floor

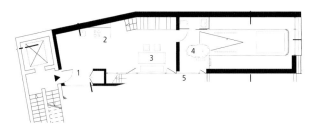

Second floor

Das Apartment besteht aus zwei Etagen, die durch eine Holztreppe miteinander verbunden sind. Holz wird auch teilweise für das Mobiliar der Wohnung verwendet und bei schlichter Dekoration hauptsächlich mit Stahl kombiniert.

L'appartement a deux étages qui communiquent par un escalier en bois, matériau utilisé également pour une partie du mobilier de la maison et qui se combine essentiellement avec l'acier dans une décoration simple.

This is a two-story apartment that connects through a wooden staircase. Wood is also used in the furnishings of the home and it is cleverly combined with simple decorations that are mostly made of steel.

Het appartement bestaat uit twee verdiepingen, die via een houten trap met elkaar verbonden zijn. Een deel van de meubels in het huis is ook van hout, in combinatie met een eenvoudige, vooral stalen decoratie.

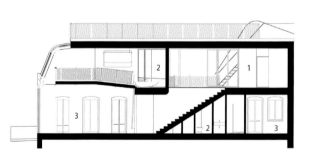

1. Kitchen
2. Bathroom
3. Bedroom
4. Living room

Longitudinal section

Diese Wohnung ist stark von der Persönlichkeit ihrer Mieterin, die Designerin ist, bestimmt. Es wurden offene Räume geschaffen, in denen helle Farben dominieren, die die Lichtverhältnisse der Wohnung verbessern. So werden in der Wohnung der ganze Komfort eines Wohnhauses mit den beruflichen Bedürfnissen der Bewohnerin verbunden.

This home is highly influenced by the occupant's personality, as she happens to be a designer. Open spaces have been created along with the use of light colors to increase illumination. The comfort of a home is thus acquired while still permitting an adequate work environment.

PENTHOUSE & WORKSHOP

Architects: **Abcarius + Burns Architecture Design**

Berlin, Germany

Cette résidence est fortement marquée par la personnalité de sa locataire, qui est créatrice. Des espaces ouverts ont été créés où dominent les couleurs claires, capables d'augmenter la luminosité du lieu ; la pièce parvient donc à réunir toutes les commodités propres à un foyer tout en répondant aux besoins professionnels de sa résidente.

Deze woning is sterk gemarkeerd door de persoonlijkheid van de huurster, die ontwerpster is. Er zijn open ruimtes geschapen, waar lichte kleuren overheersen, die de helderheid van de woning onderstrepen. Zo slaagt de bewoonster erin de woning alle comfort van een thuis te geven, maar ook aan de noden van een werkplek te beantwoorden.

Eine Wohnung sollte die Prämisse erfüllen, Funktionalität und Komfort in einem Raum zu vereinigen. Man entschied sich bei dieser Wohnung dazu, den verfügbaren Platz optimal zu nutzen. Von daher wird die Dekoration von einem minimalistischen Stil bestimmt. Gleichzeitig wird das natürliche Licht maximal ausgenutzt. So wird versucht, die Wohnung geräumiger erscheinen zu lassen.

A home should provide a basic combination of comfort and functionality. To attain this with limited space, minimalist decoration is opted for, while maximizing the use of natural light to increase the sense of spaciousness in the room.

URBAN PENTHOUSE LIVING

Architects: **Abcarius + Burns Architecture Design**

Berlin, Germany

Ce logement devait remplir la condition élémentaire de lier fonctionnalité et confort dans un même espace. On choisit d'atteindre le meilleur rendement des mètres disponibles ; pour ce faire, le style minimaliste prédomine le plus souvent la décoration. On utilise également au mieux la lumière naturelle ; tout ceci afin d'augmenter la sensation d'espace de la pièce.

In een woning zouden functionaliteit en comfort in een ruimte verenigd moeten zijn. De beschikbare meters moeten maximaal renderen en daarom overheerst een minimalistische stijl in de decoratie en wordt zo veel mogelijk gebruik gemaakt van natuurlijk licht, om het gevoel van ruimte te vergroten.

Bei dieser Duplexwohnung befinden sich die Schlafzimmer auf der ersten Etage und Bad und Küche auf der zweiten. Das Sonnenlicht verleiht der oberen Etage ein warmes Ambiente. So kann in der Küche bei angenehmem und hellem Klima gearbeitet werden. Die Dynamik des Baus, die sich mit der Kombination aus klassischem und modernem Mobiliar verbindet, gibt der Wohnung Persönlichkeit.

In this duplex, the bedrooms are on the first floor while the bathroom and kitchen are upstairs. Sunlight warms the second floor making the kitchen a well-lit, easy space to work in. The dynamic construction along with the use of classic and contemporary furniture shapes the personality of this home.

PENTHOUSE ATTIC

Architects: **Hoyer, Schindele, Hirschmüller + Partner**

Berlin, Germany

Dans ce duplex, les chambres se trouvent au premier étage et la salle de bains et la cuisine au second. La lumière solaire confère de la chaleur à l'étage supérieur, ce qui permet de travailler dans la cuisine avec facilité et clarté. Le dynamisme de la construction, lié au mélange de mobilier classique et contemporain, aide à donner sa personnalité au logement.

In deze duplexwoning bevinden de slaapkamers zich op de eerste verdieping, en de badkamer en keuken op de tweede. Het zonlicht schept een warme sfeer op de bovenverdieping en in de goed verlichte keuken is het makkelijk werken. De dynamiek van de constructie en de combinatie van klassiek en hedendaags meubilair geven de woning persoonlijkheid.

Aktuelle Tendenzen in der Dekoration wie der Minimalismus oder der orientalische Stil wurden mit Hilfe ornamentreicher Details, bei denen verschiedene Materialien kombiniert wurden, in allen Winkeln der Wohnung aufgenommen.

The very modern minimalist or oriental style tendencies are clearly defined in every single corner of this home. This is achieved by the use of ornamental details in combination with different materials.

Les tendances actuelles de la décoration, comme le minimalisme ou le style oriental, sont évidentes dans tous les coins du logement, grâce à des détails décoratifs qui mêlent différents matériaux.

De huidige decoratieve trends, zoals het minimalisme of de oosterse stijl, zijn aanwezig in alle hoeken van het huis, in decoratieve details op basis van verschillende materialen.

Dieses Gebäude liegt in einem Viertel, in dem vornehme und klassische Bauten vorherrschen. Bei seiner Gestaltung wurde das Ziel verfolgt, mit der Strenge, die den Ort einst charakterisierte, zu brechen, indem die Fassade mit großen Holzplatten und Glasteilen ausgestattet wurde, die das Innere der Wohnungen reflektieren: große, weitläufige Räume, die miteinander verbunden sind.

This building is situated in a neighborhood dominated by classic and stately homes. In an attempt to break the rigidity of the place, the front of the house was made with great glass and wood panels that reflect the interior of the homes: big, open interconnecting rooms.

APARTMENT IN A MULTI RESIDENTIAL BUILDING

Architects: **Hoyer, Schindele, Hirschmüller + Partner**

Berlin, Germany

Cet immeuble émerge au milieu d'un quartier où prédominent les constructions seigneuriales et classiques. Pendant sa construction, l'objectif était de rompre avec la rigidité qui caractérisait le lieu ; la façade a donc été construite avec des panneaux en bois et des verrières qui reflètent l'intérieur des logements : pièces ouvertes, spacieuses et reliées entre elles.

Dit gebouw staat in een wijk waar klassieke en herenhuizen overheersen. Het was de bedoeling de typische rigiditeit van de plek te doorbreken dankzij een gevel met houten panelen en grote ramen die ons een blik op het interieur gunnen: open, ruime en met elkaar verbonden vertrekken.

Dieser Bau war einst ein alter Pferdestall, der von seinen Besitzern derart umgestaltet wurde, dass sechs Wohnungen entstanden sind. Der alte Speicher wurde in ein Studio mit Dachfenstern für ein helleres Ambiente umgestaltet, wobei die Struktur der Stahl- und Holzbalken beibehalten wurde. Es ist eine geräumige Wohnung, in der das natürliche Licht eine wichtige Rolle spielt.

This structure was an old stable whose owners have converted into a group of homes. The old attic has been transformed into a studio with skylights to increase illumination, and the steel and wood beams of the original structure have been preserved. It is an ample space where light plays a vital role.

HOME & WORKSHOP

Architects: **By the resident**

Berlin, Germany

Cette construction était une ancienne écurie ; elle a été transformée par ses propriétaires en un ensemble de logements. L'ancien grenier de l'étage supérieur a été transformé en studio où ont été installées des lucarnes améliorant la luminosité, tout en conservant la structure de poutres d'acier et de bois. C'est un large espace ; la lumière naturelle y joue un rôle essentiel.

Dit gebouw was vroeger een stoeterij en werd aangepast door de eigenaars om plaats te bieden aan woningen. De oude zolder op de bovenverdieping werd omgebouwd tot studio. Er werden dakvensters gemaakt om meer licht binnen te laten en de balken in hout en staal werden behouden. Het is een grote ruimte, waar natuurlijk licht een vitale rol speelt.

Durch die Holz- und Glasplatten wurde ein Privatbereich, ein Ort, an dem man nach einem Arbeitstag entspannen und ausruhen kann, geschaffen. Die bunte Dekoration des Studios umfasst vorwiegend Werke des Künstlers.

The use of wood and glass panels creates a lot of privacy in the space, where rest and relaxation are desired after a long day of work. Most of the colorful decorations in the studio are the artist's own work.

L'utilisation de panneaux en bois et en verre permet de créer un espace privé, un lieu de détente pour se reposer après une journée de travail. La décoration colorée de l'atelier est essentiellement composée d'œuvres de l'artiste.

Met houten panelen en glas werd een privéruimte gecreëerd, een plek voor rust en ontspanning na een drukke werkdag. De kleurrijke versiering in de werkkamer bestaat vooral uit werken van de kunstenaar.

Diese Wohnung bildet den höchsten Punkt des Gebäudes und besticht auf Grund der Form ihrer Dachterrasse, einem Ort der Entspannung. In ihren Innenbereichen dominieren Kurven, die der Wohnung durch eine kluge Kombination der Farben, die sich dem klassischen und funktionalen Mobiliar anpassen, Persönlichkeit geben.

Situated at the highest point of the building, this home stands out by the shape of its roof, designed for relaxation. Curving lines, a sharp combination of colors and functional, classic furniture, give this home a great personality.

ROOFTOP APARTMENT

Architect: **Stefan Sterf**

Berlin, Germany

Ce logement est situé à l'endroit le plus haut de l'immeuble ; la forme de sa terrasse retient l'attention, un espace destiné à la relaxation. A l'intérieur prédominent les lignes courbes qui, grâce à un mélange de couleurs réussi, et au choix d'un mobilier classique et fonctionnel, confèrent à la maison une forte personnalité.

Deze woning ligt op het hoogste punt van het gebouw en vooral de vorm van het dakterras, een ontspanningsplek, valt op. In het interieur overheersen de gebogen lijnen, die het huis dankzij een geslaagde kleurencombinatie, functioneel en klassiek meubilair, een sterke persoonlijkheid geven.

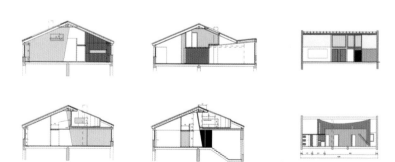

Different sections of the apartment that show the layout and the roof design

Front elevation

Rear elevation

Auf Grund des geneigtes Dachs entstehen ungleichmäßige Räume, die farblich akzentuiert wurden. Das Mobiliar ist funktional, aber sehr komfortabel. So wird ein optimales Ambiente zum Entspannen geschaffen.

The inclination of the ceiling creates different volumes inside the home, emphasized by colors. The furniture used is not only functional; it's also comfortable and optimizes a relaxing atmosphere.

L'inclinaison du toit créé différents volumes accentués par la couleur. Le mobilier utilisé, en plus d'être fonctionnel, est très confortable et créé des ambiances idéales pour la détente.

Door het hellende dak ontstaan verschillende volumes in de woning, die door kleuren worden geaccentueerd. Het gebruikte meubilair is niet alleen functioneel, maar ook heel comfortabel, en nodigt uit tot ontspanning.

Dieser Bau wurde 1998 mit dem Ziel, Luxuswohnungen zu schaffen, entworfen. Es entstanden geräumige Wohnungen, die Lofts gleichen, wobei die Innenbereiche perfekt abgegrenzt und mit allem Komfort ausgestattet sind. Die Fassade des aus der Umgebung hervorstechenden Gebäudes wird durch große Fenster, die die Innenbereiche geräumiger und heller wirken lassen, dominiert.

The objective of this 1998 construction was luxury. Although the ample houses resemble lofts, the interior spaces are perfectly delimited and endowed with every type of commodity. The building breaks the landscape with great frontal windows that increase the light and space of the rooms.

PENTHOUSE IN BERLIN
Architects: **Kleihues + Kleihues**

Berlin, Germany
Surface area: **180 m²**

Cette construction a été conçue en 1998 pour des résidences de luxe. Il s'agit de logements si grands qu'ils ressemblent à des lofts, même si les espaces intérieurs sont parfaitement délimités et dotés de tout le confort. L'immeuble, rompant avec son environnement, propose une façade dominée par des grandes baies vitrées qui augmentent l'espace et la luminosité de la pièce.

Dit gebouw werd in 1998 ontworpen met de bedoeling onderdak te geven aan luxewoningen. Het zijn heel ruime huizen, zo ruim dat het wel lofts lijken, met perfect afgebakende binnenruimtes en voorzien van alle comfort. Het gebouw contrasteert met de omgeving en heeft een voorgevel met grote ramen, waardoor de woning nog groter en nog beter verlicht is.

Die farbenfrohe Umgebung des Gebäudes, auf die man durch die großen Fenster schaut, füllen die Innenbereiche des Apartments, bei dessen Dekoration vorwiegend Schwarz und Weiß verwendet wurden, mit Leben.

The colorful surroundings of this building can be appreciated from the ample windows. These same colors fill up the interior of the apartment with life, as the decorations are mainly black and white.

L'ambiance colorée de l'immeuble, que l'on aperçoit par les grandes fenêtres, remplit de vie l'intérieur de l'appartement, où la décoration utilise principalement le blanc et le noir.

De kleurrijke omgeving van het gebouw, zichtbaar door de grote ramen, brengt leven in het interieur van het appartement. Voor de decoratie werd vooral wit en zwart gebruikt.

Diese Wohnung ist vergleichsweise klein, und so ist es fundamental, Lösungen zu finden, um visuell mehr Geräumigkeit zu schaffen. Eine Lösung war der Einbau von schmalen Fenstern, die bis zum Boden reichen, und die, außer dass durch sie viel natürliches Licht in die Wohnung gelangt, ein warmes und angenehmes Ambiente schaffen.

The dimensions of this house are limited and so it is fundamental to increase visual spaciousness. This is achieved by narrow windows down to the floor, which provide illumination and create a sense of warmth and wellbeing.

MINI PENTHOUSE

Architects: **By the resident**

Berlin, Germany
Surface area: 50 m^2

Les dimensions de ce logement sont réduites ; il devient donc essentiel de trouver des solutions pour élargir l'amplitude visuelle. Pour l'une d'elles, c'est l'installation de fenêtres étroites qui arrivent jusqu'au sol, fenêtres qui en plus de fournir beaucoup de lumière naturelle, créent une ambiance chaleureuse et agréable.

De afmetingen van deze woning zijn klein en daarom is het essentieel oplossingen te zoeken om de visuele ruimte te vergroten. Een daarvan is de installatie van smalle ramen tot op de grond, die een flinke dosis natuurlijk licht binnenlaten en een aangename en warme sfeer scheppen.

Obwohl das Wohnzimmer sehr klein ist, kann man es in verschiedene Bereiche aufteilen. Der tiefe Tisch überfüllt den Raum nicht. Er teilt ihn in zwei Bereiche auf, die sich zudem durch den Stil ihrer Sitzmöbel unterscheiden.

Although this is a small space, it is possible to create different areas in the room. The low table does not fill the visual space and divides the room in two areas each with their own style of chairs.

Bien qu'il s'agisse d'un petit espace, il est possible de créer plusieurs espaces dans le salon. La table de faible hauteur ne sature pas visuellement l'espace et le divise en deux, comme le style de ses sièges.

Ook al is de zitkamer klein, ze herbergt verschillende ruimtes. De lage tafel overvult de ruimte niet en verdeelt ze in twee delen, van elkaar gescheiden door de stijl van de zitmeubelen.

251

DIRECTORY

pg. 12 **AIA – Salazar-Navarro Arquitectes**
Address: Plaza de Sant Pere 3,
08003 Barcelona, Spain
Tel.: +34 93 412 0514 Fax: +34 93 317 4181
www.arquitectoniques.com
Photos: © Jordi Miralles

pg. 18 **Rogers Marvel Architects, PLLC**
Address: 145 Hudson Street, third floor,
New York, NY 10013, United States
Tel.: +1 212 941 6718 Fax: +1 212 941 7573
www.rogersmarvel.com
Photos: © Paul Warchol

pg. 28 **F. O. B. Homes**
www.fobhomes.com
Photos: © Toshiyuki Kobayashi

pg. 36 **Graftworks Architecture + Design**
Address: 1123 Broadway, suite 715,
New York, NY 10010, United States
Tel.: +1 212 366 9675 Fax: +1 212 366 9075
www.graftworks.net
Photos: © Raimund Koch

pg. 44 **Endo Shuhei Architect Institute**
Address: 6F 3-21 Suehiro-cho kita-ku,
Osaka 530 0053, Japan
Tel.: +81 66 312 7455 Fax: +81 66 312 7456
www.paramodern.com
Photos: © Yoshiharu Matsumura

pg. 50 **Architecture WORKSHOP**
Address: 2-14-21 BF, Motoazabu, Minato,
Tokyo 106-0046, Japan
Tel.: +81 3 5449 8337 Fax: +81 3 5449 4822
www.archws.com
Photos: © Daici Ano

pg. 56 **N Maeda Atelier**
Address: 7-7-20 Seijo, Setagaya-ku,
Tokyo 157-0066, Japan
Tel.: +81 3 3480 0064 Fax: +81 3 5438 8363
www5a.biglobe.ne.jp/~norisada/
Photos: © Hiroshi Shinozawa

pg. 62 **Strobl Architekten**
Address: Pfeifergasse 3,
5020 Salzburg, Austria
Tel.: +43 662 89 0660 Fax: +43 662 89 0659
www.michaelstrobl.at
Photos: © Pez Hedjuk

pg. 68 **Querkraft**
Address: Mariahilfer Strasse 51,
A - 1060 Vienna, Austria
Tel.: +43 1 548 7711 Fax: +43 1 548 7711 44
www.querkraft.at
Photos: © Hertha Hurnaus

pg. 74 **Cha & Innerhofer Architecture + Design**
Address: 611 Broadway, suite 540,
New York, NY 10012, United States
Tel.: +1 212 477 6957 Fax: +1 212 353 3286
www.cha-innerhofer.com
Photos: © Dao Lou Zha

pg. 80 **Dick Van Gameren Architecten**
Adress: Barentszplein 7,
1013 NJ Amsterdam, Netherlands
Tel.: +31 20 530 4850 Fax: +31 20 530 4860
www.dickvangameren.nl
Photos: © Nickolas Kane

pg. 88 **Buschow Henley**
Address: 21 Perseverance Works, 38 Kingsland Road,
London E2 8DD, United Kingdom
Tel.: +44 20 7033 9700 Fax: +44 20 7033 9666
www.buschowhenley.co.uk
Photos: © Nickolas Kane

pg. 94 **A + I Design Corporations**
Address: 920 Broadway, 11th floor,
New York, NY 10010, United States
Tel.: +1 212 460 9500 Fax: +1 212 460 5951
www.aplusi.com
Photos: © Lily Wang Photography

pg. 102 **Ten Arquitectos**
Address: 22 West 19th St, 9th floor,
New York, NY 10011, United States
Tel.: +1 212 620 0794 Fax: +1 212 620 0798
www.ten-arquitectos.com
Photos: © Jaime Navarro